DE LA
RUINE DU COMMERCE,

DE LA
MISÈRE DE L'OUVRIER,

Des causes qui la produisent,
et des moyens de l'atténuer,

PAR

J.-A. CLEFF.

Payez à l'ouvrier le prix de ses travaux.
FÉNÉLON.

Paris,

TYPOGRAPHIE ET LITHOGRAPHIE DE A. APPERT,
PASSAGE DU CAIRE, 54.

—

1848.

AVIS.

On m'accusera peut-être d'être un fomentateur de troubles et de discordes. Cependant, personne plus que moi n'est ami de la vérité et de la paix; convaincu que rien n'est plus contraire aux intérêts des classes laborieuses que la force brutale et la ruse employées tantôt par les gouvernants et tantôt par les gouvernés.

Ce n'est que le cœur navré, que je soulève un coin du voile, couvrant les turpitudes qui désolent un pays, que je voudrais pouvoir appeler le premier du monde.

RÉFLEXIONS

SUR UN DISCOURS INTITULÉ :

De l'amélioration des classes laborieuses, où il est dit : que les malheurs pesant sur elles proviennent de l'ignorance, de l'imprévoyance et de l'oisiveté.

Je vais m'efforcer, moi, pauvre hère, de faire entendre ma faible voix, qui sera sans doute foudroyée par ces éloquentes paroles, qui, dans certaines circonstances, prouvent si bien que le noir est blanc, *et vice versâ* ; mais fort des vérités que j'avance, je leur jetterai à la face : que si je n'écris pas le français avec pureté, je pense français, et c'est encore fort honorable.

Tous les hommes qui s'intéressent à une aussi belle et noble cause que celle des travailleurs, méritent au plus haut degré la reconnaissance de tous. Seulement, la position sociale des hommes susceptibles d'élever leur éloquente voix en faveur de l'industriel, ne leur fait apercevoir jusqu'ici que la superficie de la plaie qu'ils ont sondée ; et qui, si l'on n'y porte remède, finira par devenir un mal incurable qui frappera le fort comme le faible, le riche comme le pauvre.

Pour juger le malheur qui pèse sur les classes industrielles, il faut habiter avec elles, partager leur adversité pour en rechercher les causes, remonter aux sources, voir si chacun a la portion de bien-être à laquelle il a droit de prétendre par sa position dans la société ; et si cette même société n'a pas les torts les plus graves envers les hommes utiles.

La société actuelle se divise naturellement en deux classes ; la classe bourgeoise existant au moyen de son revenu, et celle du peuple vivant du produit de son travail ; ces deux classes ne pouvant exister l'une sans l'autre, par le rapport des masses entre elles, sont cependant toujours en guerre déclarée. Chacune a ses armes et ses moyens, et frappe en insensée sur son adversaire, sans s'apercevoir qu'elle travaille à son détriment.

La classe bourgeoise est la moins nombreuse, mais c'est elle qui possède les capitaux, mobile de toute industrie, elle frappe en aveugle sur la classe de la société qui exécute, par son égoïsme, sa cupidité, et son prétexte de fausse économie, sans se défier qu'elle recevra le contre coup du choc qu'elle leur fait éprouver.

La classe qui exécute, cherche à parer le coup qui l'atteint dans ses intérêts. Pour y parvenir, elle emploie toutes les ruses que son intelligence peut lui fournir, afin de retenir la portion de bien-être qu'elle sent prête à lui échapper, par la diminution du prix des objets de commerce ou celui du salaire, et s'y maintenir au niveau de la position sociale où elle est placée ; malheureusement, elle finit presque toujours par succomber, la concurrence ouvrant la porte à la fraude, et le plus honnête homme devient fripon sans scrupule sous raison de commerce.

La position du commerçant comme celle de l'ouvrier, impose des devoirs à remplir envers la société, mais aussi elle leur doit la portion de bien-être dû à leur intelligence, à leurs travaux.

Le commerçant, dans sa sphère, a le droit de prétendre à ce que son industrie lui rapporte un bénéfice proportionné à ses besoins d'existence et d'avenir.

Le consommateur doit, suivant les règles d'une loyale justice, lorsqu'il paie la valeur réelle de l'objet, en obtenir une marchandise non falsifiée et de bonne confection.

Le commerce de nos jours peut se résumer en deux mots : dupes, et dupeurs. En effet, est-il de ruses ou d'expédients qu'il n'emploie pour arriver à ses fins.

Le mal vient de deux causes. De la part du consommateur et de celle du commerçant lui-même ; la première cause, la plus grave, il faut l'imputer à l'acheteur, qui veut à tout prix du bon marché, sans s'inquiéter si la marchandise vaut ou ne vaut pas le prix qu'il en donne : où s'il s'en occupe, ce n'est qu'après avoir préalablement débattu le prix, croyant avoir fait acte de capacité, s'il a obtenu l'objet à un prix onéreux pour le marchand.

C'est ainsi que le commerçant le plus intègre se trouve forcé d'employer à mal faire, une intelligence qui, si elle était dirigée au profit de la société, y porterait la perfection et l'aisance (véritable progrès), au lieu qu'elle n'y porte que la fraude, traînant la misère à sa suite.

La seconde cause vient de la mauvaise foi de quelques hommes voulant s'enrichir à tout prix, considérant la masse génerale comme devant leur payer tribut, ils introduisent en conséquence dans le commerce toutes les fraudes que la loi ne saurait atteindre. Imbus de ces mauvais principes, il n'est pas défendu de tromper lorsque l'on est assez intrigant pour ne pas se laisser prendre.

Il serait de la plus grande injustice de condamner la masse des commerçants, et de la confondre avec cette partie corrompue, qui cependant par l'influence de la concurrence ont rendu le mal presque général.

On a essayé d'y porter remède, en encourageant les auteurs d'une foule d'instruments propres à découvrir les fraudes et les falsifications qui affligent le commerce, mais le remède sera incomplet, tant qu'on n'arrêtera pas ce fléau en punissant avec la dernière rigueur les fraudeurs eux-mêmes, pour forcer ainsi le commerce à devenir loyal.

Question de la concurrence.

Le commerce doit être libre, chacun a le droit d'employer le capital et l'intelligence qu'il possède de la manière qu'il croit lui être la plus profitable. Seulement, jusqu'à nos jours, cette liberté a manqué d'une sage direction, et a produit les maux les plus affligeans pour la société.

Des luttes individuelles se sont souvent déclarées, soit par jalousie de profession, soit par envie de bien-être ; rarement elles ont profité à ceux qui les ont tentées, mais elles ont toujours tourné au détriment d'une partie de la société ; et souvent à la perte d'une branche d'industrie très florissante.

Les armes les plus redoutables dont se sert la concurrence, sont le *rabais* et la *modicité du prix*, deux ennemis acharnés qui corrodent la société.

En effet, est-il rien de plus absurde que l'adjudication au rabais, inventée sous le prétexte que tous puissent y prendre part. Cependant, l'on fait exécuter à un entrepreneur pour cent francs de travaux, évalués à cette somme à dire d'expert, pour quatre-vingt francs, et quelquefois moins.

De cette espèce de prétendu progrès, découlent trois conséquences graves, qui frappent également la société d'un coup mortel.

L'homme qui s'engage à donner une pièce de cinq francs pour quatre francs, a pour lui trois résultats à attendre.

Le premier est de *tromper sur les fournitures* ou sur les *matières premières*, si le client n'a pas les yeux ouverts sur lui, en second lieu s'il n'a pas réussi dans le premier cas, de payer ses fournisseurs par une belle et bonne faillite.

En troisième lieu, s'il n'a pas été assez intrigant ou trop honnête homme, d'être volé lui-même.

La modicité du prix des objets fabriqués produit pour résultat : 1° la ruine du commerçant ; 2° celle du propriétaire foncier, et celle du détenteur des matières premières ; 3° la misère de l'ouvrier ; 4° la faiblesse de la société.

Le bas prix des objets fabriqués nuit au commerce loyal ; en forçant le fabricant à n'employer dans sa confection que des matières à bas prix.

On a essayé depuis quelques années à y porter remède en augmentant le prix des matières premières ; pour qu'il fût complet, il eût fallu que le commerce se fît au comptant, et ce moyen n'a tourné qu'au détriment de la classe ouvrière, dont on a diminué les salaires pour arriver au même prix de livraison.

Une foule de commerçants, ne pouvant se soutenir dans leur industrie que par la ruse, emploient leur crédit à acheter des marchandises au cours du jour et, continuant à donner leurs produits à bas prix, préparent pendant plusieurs années une faillite, certains qu'ils sont que ce n'est pas eux qui perdront le plus.

Un commerçant ne peut faire bénéfice à livrer au commerce une plus grande quantité d'objets fabriqués, si le bénéfice produit par le bas prix n'est pas en harmonie avec ses frais.

On n'a pu espérer des bénéfices que par la grande masse d'objets fabriqués, laquelle paraît apporter un gain par le calcul en chiffres, mais n'apporte réellement que la ruine, à cause d'une masse de faux frais sur lesquels ils n'ont pas comptés, calculant toujours sur l'écoulement spontané de leurs marchandises.

On conçoit aisément que l'homme, sortant d'un appartement bien confortable, se promenant dans la Chaussée-d'Antin, sur les grands boulevards ou dans nos passages, voyant tout ces gens bien vêtus, toutes boutiques et magasins dorés, toutes ces étiquettes à prix si bas (que ce n'est souvent que le prix des matières premières), doit s'écrier, en voyant toutes ces merveilles : *La France est en voie de prospérité.*

En voyant de semblables résultats, il ne se douterait guère que la plupart de ces commerçants n'y font pas ce qu'on appelle leurs frais, et s'il connaissait tout ce qui se dépense d'intelligence et de ruse pour prolonger l'existence de leur industrie, et retarder la catastrophe (dont très souvent ils ne sont que les acteurs), aidé par ce fléau qu'on nomme *agens d'affaires*, il serait consterné en apprenant que ce bon marché a compromis l'existence et l'avenir de toute une population industrielle, et s'écrierait avec douleur : Voilà donc ce qu'on appelle *progrès* en France.

Le commerçant, pour arriver à couvrir les frais de loyer, qui, en général, sont plus qu'énormes en comparaison du bénéfice que lui laisse la concurrence, est obligé de tripler la vente de son commerce; et si l'écoulement de ses marchandises ne répond pas à son attente, il ne peut remplir ses obligations, ni payer son propriétaire.

L'acheteur, faisant des affaires au comptant, exige très souvent du fournisseur une remise qui s'élève jusqu'à six du cent, qui ne lui laisse aucun bénéfice.

Sur ceux auxquels il livre à terme, un seul suffit pour lui faire perdre le bénéfice de vingt.

La modicité du prix produit la misère de l'ouvrier, parce que le fabriquant qui l'emploie, payant les matières premières au cours du jour, n'a d'autres moyens que de diminuer les prix de façon, ce qui met l'ouvrier dans l'impossibilité de pourvoir à ses frais d'existence et de logement.

La modicité du prix produit la faiblesse de la classe ouvrière, parce qu'elle force l'ouvrier de bonne foi à doubler son travail et à le prolonger sans interruption, et souvent au-delà de ses forces, pour arriver à remplir les obligations que lui impose son devoir d'honnête homme; et cependant il paie presque toujours cette augmentation de travail par les maladies qui en sont la suite. Le corps de l'homme étant une machine susceptible de ne dépenser qu'une certaine quantité de force, qui, dissipée, a besoin d'être renouvelée par le repos indiqué par les lois naturelles.

Elle produit la faiblesse de la société, parce que, pour arriver à un but de bon marché, il est des hommes qui n'emploient dans leurs ateliers que des apprentis; enfants qu'ils exténuent par un travail forcé obtenu aux dépens de leur santé.

Aussi, n'est-ce qu'au détriment de notre existence et de celle de la génération future que nous achetons notre bon marché.

Question des machines.

On a prétendu que l'adoption des machines était nécessaire pour mettre les produits à la portée de tous les consommateurs et balancer par ce moyen la concurrence de l'étranger ; mais il suffit de réfléchir pour détruire cette opinion erronée et juger à quel résultat désastreux elle a pu nous amener.

Pour combattre la concurrence des machines et des produits étrangers, il faudrait que les droits d'importation sur le sol français fussent assez élevés pour qu'ils représentassent, tout compté, la valeur du travail à la main.

On nous objectera probablement qu'en frappant les produits étrangers nous nous exposons à ce que l'on refuse les nôtres ; mais si l'on réfléchit que le prix du travail étant plus élevé, l'ouvrier étant mieux rétribué, il pourra livrer au commerce une quantité d'objets moins considérable à écouler.

Dans un pays où le nombre des travailleurs augmente tous les jours, les machines sont-elles un fléau ou une amélioration ?

La prospérité du pays et le progrès des sciences veulent que le génie de l'homme inventif porte des résultats et soit récompensé ; il est des moyens de le faire convenablement, utilement, sans nuire à l'existence de la société.

Il existe deux classes de machines : 1° celles qui diminuent la fatigue de l'homme, ou qui porte son travail à un point et à une régularité qu'il est impossible d'atteindre à la main.

Cette première classe de machines livrées au commerce est un bienfait, puisqu'elle y portera la perfection du travail et le soulagement de la classe ouvrière.

La seconde classe comprend toutes les machines supprimant des centaines de bras par la grande quantité de leurs produits, ayant toujours pour résultat la modicité du prix et le bénéfice d'une administration, ou celui d'un individu. Ces sortes de machines doivent être regardées comme un fléau, et lorsqu'elles passent sous le sceau du brevet d'invention, si elles méritent réellement du côté du génie, devraient être déposées dans un conservatoire, où le travail et le nom de l'inventeur sont honorés ; que cet artiste reçût une récompense nationale, suivant l'importance de l'œuvre ; mais qu'elle ne soit pas livré au commerce, où elle n'occasionnerait que la ruine d'une masse pour le bien-être particulier.

Une machine ne serait jamais admise dans un atelier, si elle diminuait seulement la fatigue de l'homme ; mais elle y est reçue parce qu'elle augmente la quantité du travail produit ; cette augmentation de produit fait que le bénéfice du travail tend à se détruire lui-même par la quantité d'objets à écouler, et qu'il faut absolument livrer au commerce à bon marché.

Ces machines, fonctionnant seules sous le sceau du brevet, produisent bénéfice ; mais, lorsque la concurrence et le commerce s'en sont emparés, et qu'un grand nombre de ces mêmes machines fonctionnent, l'industrie n'est plus tenable, et l'expérience a démontré qu'après avoir ruiné une masse de petits industriels, presque tous les détenteurs de ces machines avaient fini par une faillite.

Le bien-être du commerce veut que chacun soit libre d'employer son capital et son intelligence, suivant l'intérêt qui le guide ; mais l'autorité, devant veiller pour tous, doit diriger cette liberté pour la faire tourner au bien-être, et non au détriment de certaines classes.

Il est permis à un homme d'entreprendre des travaux au-dessous de leur valeur réelle ; il est de même permis à un homme de vendre des marchandises à perte ; il est enfin permis à un homme de se ruiner, mais il ne doit pas lui être permis de ruiner les autres.

Dans aucun cas le travail à la main ne peut soutenir la concurrence du travail des machines, et c'est cependant ce même travail qui établit la base du prix de commerce, aussi ruine-t-il le travail à la main du petit industriel, et finit-il par conclure qu'au lieu de nourrir des hommes, il faudra nourrir des machines.

De la centralisation du commerce et de l'industrie dans les administrations et grands ateliers.

Il est aisé de se convaincre que toutes les petites industries en sont à leur dernier soupir, les charges pesant sur elles augmentant tous les jours, et le nombre des ressources diminuant sans cesse, la spéculation s'emparant du commerce en réunissant le travail dans les administration, et les grands ateliers qui s'en assurent le monopole par la diminution du prix.

Il est en France des branches d'industrie qui occupaient plusieurs milliers d'individus, où il a suffi de deux ou trois établissements et quelques centaines de bras pour accaparer l'existence de ces mêmes hommes auxquels on a crié : créez vous d'autres industries, sans se rendre compte que le résultat est partout le même.

De savants économistes ont prétendu que la centralisation des industries et l'emploi des machines produit l'accroissement des populations dans les localités où elles s'introduisent, mais ils ne se sont pas occupés si le sort de cette population était amélioré.

Pour confondre ce raisonnement, il suffirait de se mettre en faction à la porte d'un de nos grands ateliers, et d'inscrire seulement les demandes de travaux. Un atelier employant huit cents personnes a reçu, en l'espace de deux mois, cinq mille neuf cents demandes de travaux et places ; d'après un pareil résultat, si la population s'est agglomérée aux environs des grands établissements, la misère et le manque de travail l'y ont suivie.

De plus, la centralisation a pour résultat, lorsqu'un ouvrier ne convient pas dans un de ces établissements, que son existence est compromise, puisqu'il ne peut travailler ailleurs.

Les grands ateliers refusent les ouvriers ayant atteint l'âge de quarante-cinq à cinquante ans, vénérables vétérans de l'industrie, et l'existence de ces hommes remplis d'expérience est également compromise par la cupidité.

Ces mêmes hommes, spéculant sur la masse d'ouvriers qu'ils ont à leur disposition pour réduire les salaires, finiront, si l'on n'y met ordre, à les porter à un taux où

l'ouvrier sera dans l'impossibilité de remplir ses obligations envers la société.

De l'ignorance.

L'ignorance est un vice que l'on doit chercher à combattre : un ouvrier doit posséder toutes les connaissances
relatives à sa position ; mais la science devient pour lui un
fléau lorsqu'elle n'atteint qu'une connaissance superficielle
qui lui laisse entrevoir une position plus élevée, sans lui
permettre d'y atteindre.

On accuse la classe ouvrière d'imprévoyance. A-t-elle
reçu protection pour arriver au but de parer les besoins
de l'avenir? Il faudrait, pour cela, que son salaire fût
constant, et que le chômage n'y portât pas obstacle ni
préjudice. On a reproché aux ouvriers de vouloir gagner
5 fr. par jour. Si l'on avait compulsé et examiné qu'ils
n'ont, au bout de l'année, gagné réellement que 2 fr. 50 c.,
à cause des jours de chômage et de toutes les obligations
imposées par la société : il faut à un garçon 2 fr. 17 c.
par jour pour ses frais de nourriture, d'habillement, de
logement, etc.; et que, si cet homme a une famille, elle
ne peut vivre que de privations, qui dégénèrent en vices,
le besoin étouffant toujours la voix de la conscience.

On a invoqué le chiffre de la Caisse d'épargne en faveur
de cet argument ; mais le résultat est que les deux tiers
des personnes ayant de l'argent à cette caisse sont des
personnes en place ou des domestiques, et que, s'il est
parmi eux quelques ouvriers, ce n'est qu'en ruinant le

commerce de la société, par les privations qu'ils se sont imposées, qu'ils en sont arrivés à ce point.

L'oisiveté est le plus grand des vices qui affligent l'espèce humaine : l'occupation de l'homme est nécessaire au bien-être de la société ; mais la cause générale de presque tous les vices qui font tort à la classe ouvrière, et dont on se sert pour la condamner, est le découragement occasionné par un salaire injuste, insuffisant.

Il est absurde de condamner cette classe pour quelques hommes enclins à la paresse, que rien n'engagerait à travailler, méritant d'être flétris du nom d'hommes inutiles et dangereux.

Conclusion.

Il résulte des faits exposés ci-dessus que la misère et le malheur qui pèsent sur les classes laborieuses proviennent des causes détaillées ci-après.

Le bien être d'une société exigerait que tous les membres de cette société fussent justes et vertueux : ce qui n'est pas donné à tous les hommes. Aussi est-ce à l'autorité qui la gouverne à veiller avec sollicitude à ce que chacun occupe la place qui lui est assignée ; que le cumul des emplois en soit ignominieusement banni ; que chaque homme remplisse les devoirs que lui impose cette société, et en reçoive en récompense la portion de bien-être dû à l'homme laborieux et intelligent qui se dévoue au bonheur de la société.

Que le commerce soit loyal, l'industrie rétribuée à sa valeur réelle, qu'elle livre à la consommation des objets de bonne qualité, portant l'empreinte de la perfection du travail, dont le prix soit basé sur la confection à la main, et non sur celle des machines, le travail, dans la société civilisée, n'ayant pas été institué pour user le plus grand nombre d'hommes au profit de quelques-uns, mais pour procurer à tous l'existence et le bien-être.

On nous propose sans cesse l'Angleterre pour modèle, avec son industrie, ses machines, et surtout son bon bon marché, ayant pour résultat la misère de la classe ouvrière, les ressources du pays ne pouvant faire exister ses travailleurs, puisqu'il est des cantons où douze mille personnes sont sans ouvrage, et encombrent les rues de la capitale en demandant de l'ouvrage et du pain.

Nous sommes arrivés à une époque où des ouvriers remplis de vigueur et de jeunesse, après avoir sollicité de l'ouvrage, sont réduits à vous dire : J'ai besoin... mes ressources sont épuisées, ma famille manque de tout, occupez-moi quelques jours pour me faire exister.

Un tel état de choses ne peut durer. Que Dieu nous garde d'un pareil avenir : notre belle France peut produire, nourrir et faire le bien-être de toute sa population. Que l'autorité surveille et dirige les libertés dans le droit chemin, en donnant l'exemple de la justice rendue ; qu'elle ouvre les yeux sur les abus ci-après détaillés, et y porte remède, et toutes les puissances en seront arrivées à envier notre prospérité. Alors nous pourrons leur servir de modèle.

La misère des classes laborieuses provient de ce que le riche, au lieu de se tenir au niveau de sa position sociale, et de chercher la véritable grandeur, en s'attirant la considération des classes laborieuses par la reconnaissance, ne s'approche d'elles que pour les pressurer et en tirer bénéfice.

La misère des classes laborieuses provient de ce que presque toutes les grandes fortunes étant acquises, soit par exactions, ou voies plus ou moins détournées, ceux qui les possèdent connaissant les moyens par lesquels ils sont arrivés, se croient entourés de gens auxquels il faut barrer le chemin en les empêchant de faire aucune espèce de bénéfice.

La misère des classes laborieuses provient de ce que l'argent du riche rapporte dix du cent, et que celui du pauvre ne rapporte que trois.

Elle provient de ce que l'artisan est obligé de faire crédit au riche, qui s'arroge le droit de faire attendre un entrepreneur un an, deux ans, et quelquefois trois ans, après avoir diminué et passé à l'étamine le montant de son mémoire; tandis que l'entrepreneur est obligé de régler ses fournisseurs à six mois au plus.

La misère des classes laborieuses dépend de ce que ces mêmes hommes exigent une remise de six pour cent pour donner de l'argent comptant.

La misère des classes laborieuses provient de ce que le commerce est une longue suite de fraudes et de ruses plus ou moins coupables.

La ruine du commerce provient de ce que notre pays n'écoulant à l'étranger que des marchandises inférieures (dites de pacotille), que l'on ne saurait vendre ici, il trompe la bonne foi de l'acheteur et déshonore notre commerce.

La misère des classes laborieuses provient de ce que des hommes ont l'impudence de mettre en concurrence la faibless de l'ouvrier, qui a besoin, pour obtenir des travaux à bas prix.

La misère des classes laborieuses provient de ce que le travail manuel est ruiné par le travail des machines, auquel il devrait servir de base pour que l'homme pût exister, l'obligation de la société étant de nourrir ses membres avant tout.

La misère des classes laborieuses provient de ce que l'ouvrier est obligé de donner des garanties en fournissant ses travaux; tandis que le riche, qui fait travailler, s'il est de mauvaise foi, on n'a que de vagues recours contre lui.

La misère de l'ouvrier provient des lenteurs de la justice et des frais à faire pour se la faire rendre, l'ouvrier ne les possédant presque jamais.

La misère des classes laborieuses provient de la faillite, dont les causes ne sont pas assez examinées.

Elle provient de la centralisation dans les grands ateliers, et les prisons, qui, par la modicité de leur prix, ont ruiné le travail libre.

La misère des classes laborieuses provient de la réduction du salaire, conséquence du rabais infligé par le travail des machines et la centralisation dans les grands ateliers.

La misère de l'ouvrier provient de ce que l'égoïste préfère abaisser l'ouvrier en l'obligeant à titre de charité, plutôt que d'acquérir sa reconnaissance par un travail justement rétribué.

La misère de l'ouvrier provient de ce qu'il dépense en pure perte toute son intelligence, sa patience, son savoir, pour arriver à la perfection du travail, qui, à notre époque, ne profite qu'à une certaine classe de gens, auxquels cela semble si naturel. qu'ils en jouissent sans se rendre compte de la peine qu'elle a coûté.

Elle provient encore de ce que l'ouvrier, étant sans ouvrage, si le chômage se prolonge, il épuise toutes ses ressources et ne trouve assistance nulle part; puisqu'en général on aime mieux condamner que protéger. Lorsqu'un ouvrier, dénué de tout, sollicite de l'ouvrage, la réponse devrait être de lui créer des travaux justement rétribués; mais on aime mieux ressembler à cet égoïste qui, pour ne pas s'apitoyer sur la misère de son voisin, et sans se rendre compte des causes qui l'ont produite, se contente de dire : *ce sont des fainéants, des gens sans conduite, qui ne valent pas la peine que l'on s'occupe d'eux* (et la réponse est) : ce sont des vagabonds dignes d'être enfermés.

La misère de la classe laborieuse provient de ce que les administrations et les grands ateliers, après avoir accaparé tous les bénéfices, ont l'impudeur de spéculer, par le surnumérariat, sur l'existence des malheureux qu'ils emploient pendant un mois, six mois, et quelquefois un an, ne les payant que la moitié du salaire dû et quelquefois point du tout.

Ces hommes, que l'on berce par l'espoir d'un avenir meilleur, doivent se trouver très heureux lorsqu'ils arrivent au but désiré; car très souvent les travaux auxquels on les occupe n'étant qu'accidentels, après un certain temps on les renvoie sous le prétexte qu'ils sont incapables, ou sous celui de la réforme ; et, par cette ruse, le travail n'a coûté que la moitié de sa valeur réelle.

Moyens d'atténuer les abus.

Pour y remédier, il suffirait de convaincre les mauvais riches. Qu'un homme, possédant tout ce qui est nécessaire à la vie et pouvant produire le confortable, toutes ses facultés étant assouvies, il ne saurait, malgré le cumul des honneurs et des richesses, se procurer un instant de bien-être de plus que la nature n'en a accordé à ses facultés physiques ; que sa position est déplacée au milieu de la société, et qu'il travaille contre són intérêt en entassant écu sur écu, ce qui ne profite à personne ; que la circulation de l'argent est aussi nécessaire à la prospérité de la société, que celle du sang l'est au corps humain ; que cette conduite coupable soit flétrie par le mépris des honnêtes gens, et la face des choses changera.

Le progrès demande un travail plus solide et plus parfait d'exécution, que le prix en soit augmenté pour couvrir tous les faux-frais du commerçant et de l'entrepreneur, dont on ne tient pas compte dans l'évaluation actuelle ; le sort de l'ouvrier sera amélioré, puisqu'il fournira moins de travail au même bénéfice, le commerce n'écoulant que les deux tiers des objets fabriqués, la faillite et la mauvaise foi s'emparant de l'autre tiers, encombrant les magasins pour les livrer à vil prix à la ruine du commerçant et de l'ouvrier.

Pour arrêter les abus du commerce et la misère de

l'ouvrier, il suffirait de la création d'une Chambre de Prud'hommes qui fût une vérité, dont les décisions aient force de loi en ce qui regarde le commerce, où l'on soit forcé de comparaître sur une simple citation pour éviter la lenteur et les frais d'assignation ; qu'elle agisse de l'acheteur au commerçant, du propriétaire à l'entrepreneur, du fabricant à l'ouvrier, que toutes les questions de commerce et de salaire soient résolues par arbitres ; les causes de la faillite examinées avec la plus grande attention ; et que toutes les fois qu'un homme aura travaillé à la ruine de la société, par son rabais, il soit passible des peines les plus sévères.

Pour que personne ne puisse mésuser de ce droit, que l'homme qui en accuse un autre d'abus injustement, soit puni comme calomniateur.

La France, s'élevant à sa véritable hauteur, en augmentant sa force, servira de modèle aux populations présentes et futures.

FIN.

Paris.—Typ. et Lith. de A. APPERT, passage du Caire, 54.

9 782019 663063